Sekaisin

Mika Seppälä

Sekaisin

ajatuksia

Kustantaja: BoD™ – Books on Demand, Helsinki, Suomi

Valmistaja: Books on Demand GmbH, Norderstedt, Saksa

ISBN: 978-952-330-726-1

Ensirakkaus:
meillä oli kaikki tarvittavat ainekset,
muttemme saaneet niistä aikaiseksi
oikeaa ateriaa.

päivät kuin veden liplatus
hurjasta hurmasta
koko hulluuden huutoon
ja jossain siinä välillä vain
hyvä olla

ihminen alkoi käyttää vaatteita
jotta voisi riisuutua

äiti,
sinä olet joka päivänsäteessä,
valosi tekee nousevan kaaren,
koko elämän

ei kai kun emme alituiseen
toisillemme puhu,
sana toveruudestamme olisi
pian pelkkä huhu

tavattuamme lausahdus Näkemiin
olisi viimeinen säe,
pieni hetki kun emme
toisiamme näe

tänään hän päätti
häipyä julkisuudesta,
vaikkei ollut siellä
koskaan ollutkaan

äitini,
kun sinä kuolit,
sinä lähdit pitkälle matkalle
niin lähelle sydäntäni
kuin koskaan

en ole kovin hyvä hiihtämään,
sillä minulla on aina kaikkien kanssa
sukset ristissä

On jäähyväisiä.

Vaikka kuinka silloin lähtisi toisaalle,
tuntea sinut niin hyvin,
ettei tarvitse kirjoittaa sinua ylös.

Kun olet saanut
jotakin aikaiseksi,
palapelin valmiiksi,
on aika alkaa etsiä palasia
ja koota.

Joskus olemme niin sekaisin,
että huoneessamme palaa
vielä kynttilä ja on tunnelma,
vaikka aikataulun mukaan
pitäisi olla jo täysi rähinä päällä.

Herääminen ei ole runo -
ja päivä vain odottaa,
sulkee illalla silmäsi
kuin olisit saanut jotakin valmiiksi.

jos sen kauniisti sanoisi,
sinä olet yhtä vihreä ruoho
aidan molemmilla puolilla

Ethän havahda siellä jossain,
jos mietin sinua tykönäni.
Anteeksi, jos heräät ja on liian myöhä,
kun vain ajattelen sinua juuri nyt.

Oudosti meni taas
viime yö, kun onni
nukkui valveeni
ohi.

katsoo vanhus ikkunasta,
tutkii vielä allakasta -
elon syys, sama tuttu köyhyys
joisiko oikein motista kahvia
tai sittenkin kertakäyttömukista,
joka sekin pahvia

Lähden kotoa, haen postin -
maailma on avara.
Kun ei ole mitään hätää,
ulkona niin sees, kupissa kahvi lämmin,
huudan apua.

- niin monesti
lähdemme mököttämään tahoillemme
pantuamme sitä ennen takit
samaan naulaan -

jos kerrankin istuessani
siinä vastapäätäsi
tapailisin nimesi hiljaa,
ja yksi sana kertoisi enemmän
kuin tuhat kuvaa

joulun jälkeen äkkiä saa
kiivas, kiihkeä valo -
mummo taluttaa pyörää
lävistäen maiseman
kuin olisi polkenut ohi

joskus elämä on vain
niin hullunkurista,
että jos joku loukkaa minua,
minun pitää pyytää
anteeksi

Mitä sitten, vaikka
maailma on paha,
ihmisen on vain jatkettava matkaansa
ja todettava, a-ha.

marraskuu,
aurinko kokeilee päiväsydännä -
valo vielä narraa

vaikka hän jätti pullon aikaa päivää,
juopon tuurilla hän paineli
hamaan loppuun asti

Kyllä se aurinko joskus
risukasankin ohi paistaa.

Kun lapsi saapuu maailmaan,
oppii se joskus puhumaan,
jokeltaa aluksi äiti tai isä,
tuo pieni perheenlisä.

Jeesus:
olitko edes
oman itsesi
herra?

Kun enkeli veti kuoleman pakastaan,
katsoi poika mykkänä rakastaan.
Niin äkkiä noutaja äidin vei,
ei lapsi ehtinyt sanoa kunnolla hei.

Eräänä iltana ajatellessani sinua
ja lukiessani taivaanrantaa,
koko punertava rusko
katosi äkkiä.

Ja minä tiesin,
sinä vain varmistelit paikkaasi
sydämessäni.

Pysähdyn kuin jotakin ajattelisin.

Taivaalla täysikuu, hohkaa viluinen tie,
ei pidä kengän alla ääntä, ei juuri
hengitä suu.

Odotan itseäni kotiin, kaadan juoman,
olla yksin itseni ikävän, lasissa pinta
uneksi laskeutuu.

erotessa raskaampaa
askelet vai etäisyys?

nimetön välinpitämättömyys,
yhtä vaikeaa luonasi
tai luotasi

kulkea pää painuksissa -
kaikki niin kadoksissa

Tämä pimeys -
pelätä kaikesta väsymyksestä
itsensä levänneeksi.

Käsi löytää käden,
ihmisyys toisen
ihmisyyden.

Kaikkialla on elämä -

laitettavaksi opin tai aatteen alle,
jotta uskaltaisimme
elää sen.

Ensimmäinen jää
herättää aamuisen kulkijan,
liukastellen kauppaan maitoa
kokonaisen litran.

Joskus, kun yksinäisyys
tulee koputtamatta,
voisi silloin tietää,
että maailman sydämet eivät
vielä ole
täynnä.

Välillämme olevan myrskyn aikana
vaikka kuinka kaunista
toiselle sanoisi,

kaikki se olisi pelkkää
tuulen viemää -.

Aito ystävyys on
samalla kynällä yhtä aikaa
kiinnipitäen kirjoitettu
yksi yhteinen
allekirjoitus.

Onnellisuus on paras vaate,
joka tekee ihmisen kauniiksi.

Herättyäni kosketan
lämmintä poskeasi.

Aamu koittaa -
käteni.

Elokuun viimeinen päivä
näkyy sameana ohuen
verhon läpi,

mutta kun vedän sen auki,
ulkona tuulee kirkkaasti.

Ystäväni -
mitä enemmän sinulle
itseäni selitän,

sitä enemmän olen itselleni
kesken.

Kesken maailman metelin
hän on orpona,
niin hiljaa, vaiti, huomaamaton.

Yksinäisyydelle ei jaeta
puheenvuoroja.

Herättyäni keitän molemmille kahvit
ja sanon sinulle hymyillen
huomenta.

Vituttaa,
kun heti aamulla olen niin
jeesus.

En minä koskaan
lentänyt pesästä pois
vaan katsoin, kuinka vanhempani
nousivat siivilleen.

Ja kirkas oli taivas,
enkä minä koskaan lentänyt
pesästä pois.

Kaikki päivät harmaita,
näyttävät jo valolta.
Aurinko heittää alituiseen arpaa -
ei vieläkään kauaa uskalla.

Jos minä nyt lähden
ja lopulta kuitenkin palaan juurilleni,
niin kaikki muistoni minä kiillotan
ja olen elämästäni onnellinen
lapsuudesta lainattu unelma.

Nojaan pöytään.
Leuka on varma kämmenkuopassa.
Metrin päässä samassa huoneessa on
jo epämääräinen tuntu -

koko maailma niin lukittuna ulos,
että se varmasti pyrkii sisälle.

Ajattelen niitä,
jotka joskus olivat.

Nyt heidän unohtuneista nimistään
muutama kirjain asettuu huoneeseeni -
mieleni vaipuu vaiti jotakin kysyen.

Ei koskaan vastaa.

Sananen sieltä,
toinen täältä -
aurinko kasvaa aamun kirkkaaksi.

Vaatimaton on ajatusteni kimppu,
mutta nöyränä minä sen sinulle
tänään ojennan.

Meni romanttinen ilta oitis pilalle,
kun emme osanneet päättää,
valitako tunnelmaan sopivan kynttilän
vaiko kynttilään sopivan tunnelman.

Koko elämäni
on jo ihmisen historian
tulvasta lainattu,
mutta kai vielä itse saan itseni
allekirjoittaa.

Niin monesti sanon rakastavani,
ettet varmasti usko.

Mihin sinussa ihastuin,
oli tapasi puhua -
mielemme halusivat
kosketella,
ajatuksemme rakastella

Heinäkuu.
Aurinko leikittelee puiden seasta
sokaisevana aamuni sekaan.

Saat nousta ylös vasta sitten,
kun ensimmäinen katseeni heränneelle on
valmis.

Kuka ihmisenaluista
veti itseään lattialla,
kuka ensimmäistä askelta
melkein pystyssä seinää
vasten.

Joukosta erään äidin ääni:
meidän lapsemme on jo
oppinut suremaan.

Takana sietämätön
elämätön elämä.

Joskus niin tyhjää,
että jokainen sana sitä kuvaamaan
oikea.

Kun lähdit lopullisesti pois,
pitkän pimeän jälkeen
tuli pitempi pimeä.

Kun ensimmäinen säde saapui tyköni,
kyräilin sitä kauan
kunnes uhasta menin lähelle.

Niin oli aurinko minulle vieras,
että meidän täytyi esitellä toisemme -

sain tutustua valoon ihan alusta.

Kuuluu tuolta taistelun kumu,
voittajien vallaton riemun humu -
verhoaisi meidät sumu sodan tuon sairaan.

Lapset jäätyvät täällä,
anna jumala tänne heikko tuulauhdus lauha -
edes pienen pieni viattomille rauha.

Aamu.
Kuinka olen öisestä
ikävästä täynnä.

On juhannus ja saa valo.
Niin kerrotaan.

En mahdu.

Herään.

Vielä tuntien jälkeen löydän
itsestäni palasen,
sanon itsekseni ruman sanasen.

Joko olen päivään valmis.
Vieläkö kerään?

Vanhaa väsyttää,
kun baarissa satunnaista seuraa kyttää

ja jos se oikea hoito ohi pyyhkäisee
ja sanoo hei

liian helppo nakki,
ei kuitenkaan muka tykkää, leikkii mykkää

odottaa narikassa takki,
ja kämpillänsä taas yksin yksinäisyyttänsä nyyh-
käisee

Iltarukous:
ei kai sitä kaikkea
tarvitse luojallensa tilittää,
vaikka raamattua kädessänsä
silittää?

Vaikka rakastan rauhaa,
on elämäni ihmisen kokoinen
sota.

Kun syntyi ihmiskunta,
oli jumalten meno tajutonta,
lyötiin maa aurinkoa kiertämään,
hieman avaruutta hiertämään,
muttei rinkiä loputonta,
ei ole korkeimmallakaan kosmokselle teoriaa
aukotonta.